DÉGRÈVEMENT

DE

L'IMPOT FONCIER

PAR

LÉON SAY

Membre de l'Institut, Président du Sénat.

La France est assez riche
pour payer sa dette à
l'agriculture.

Prix : 25 Centimes

PARIS

A. DEGORCE-CADOT, ÉDITEUR

9, RUE DE VERNEUIL, 9

1881

DÉGRÈVEMENT

DE

L'IMPOT FONCIER

PARIS — IMPRIMERIE TOLMER ET Cie

3, rue de Madame, 3

DÉGRÈVEMENT

DE

L'IMPOT FONCIER

PAR

LÉON SAY

Membre de l'Institut, Président du Sénat.

> La France est assez riche
> pour payer sa dette à
> l'agriculture

PARIS

A. DEGORCE-CADOT, ÉDITEUR

9, RUE DE VERNEUIL, 9

—

1881

DÉGRÈVEMENT

DE

L'IMPOT FONCIER

L'impôt foncier n'est pas un impôt sur le revenu des terres. Il suffit, pour le reconnaître, de constater que les cotisations sont fixes et de se rappeler qu'il existe des différences considérables dans le taux de l'imposition, d'un département à un autre, d'un arrondissement à un autre, d'une commune à une autre. Dans l'enquête de 1851, on a établi que la commune de Sauveterre (Gironde) payait 61 centièmes de centime, un peu moins de 2/3 de centime par chaque franc de revenu foncier, tandis que la commune de Vaudherland (Seine-et-Oise) payait 21 centimes 43 centièmes, soit 35 fois plus; que le canton de Saint-Symphorien (Gironde) payait 2 centimes 34 et celui de Grisolles (Tarn-et-Garonne) 11 centimes 60, soit 5 fois plus ; que le département de l'Ardèche payait 3 centimes 79 et le département de Tarn-et-Garonne 9 centimes 10 ; soit 2 fois et demie plus.

Une grande partie des terres du département de l'Hérault ont été cotisées au plus bas, lors de l'établissement du cadastre, parce qu'elles étaient en friches. Ces friches ont été plantées plus tard en vignes qui ont prospéré et donné un produit extrêmement élevé, beaucoup plus considérable que le produit des meilleures terres de France ; cependant la cotisation n'a pas été augmentée, et le revenu cadastral d'origine, considéré comme étant à peu près nul, a toujours servi de base à l'établissement de l'impôt. Quelques années après, le phylloxera a envahi et ruiné les vignes ; il les a si complétement détruites, que les terres sont retournées à leur premier état. Les cotisations n'ont pas plus diminué après le désastre du phylloxera, qu'elles n'avaient augmenté lors de la plantation et du succès des vignes. C'est ainsi que le revenu des terres hausse ou baisse, qu'il subit des variations selon les événements heureux ou malheureux, sans amener de changement dans le montant de l'impôt. Dans le Vaucluse, on a perdu la culture de la garance à la suite de la découverte des principes de la garance dans l'alizarine. Dans l'Ardèche, on a perdu les mûriers par une maladie, de même qu'on a subi des diminutions énormes de produit par la maladie des vers à soie. Ce sont des perturbations considérables; mais au milieu de ces vicissitudes l'impôt foncier est resté toujours le même. Le contingent dû à l'État n'a pas varié.

Le propriétaire et le cultivateur s'enrichissent ou se ruinent tour à tour; l'impôt, impassible, subsiste et ne change pas. Il a été appliqué à l'origine à une parcelle de terre; cette parcelle est comme un instrument agricole qui a été recensé et assujetti par le fisc à une redevance annuelle. Tant que la parcelle existe, elle paye cette redevance et elle paye toujours la même redevance.

On a dit que c'était par suite d'une déviation des principes originaires posés dans la loi de 1790 par l'Assemblée constituante que l'impôt foncier avait perdu la flexibilité qui lui serait nécessaire pour suivre les variations du revenu. Il est possible que les législateurs de 1790 aient voulu faire de l'impôt foncier un impôt sur le revenu des terres; mais le fait est qu'ils n'y sont pas parvenus. Ils ont créé un instrument absolument inhabile à se transformer. Le cadastre et la fixité du contingent sont contradictoires avec la proportionnalité de l'impôt au revenu.

On n'arrivera jamais à une péréquation générale de l'impôt foncier par le renouvellement du cadastre. Le cadastre n'est pas un instrument de péréquation générale. On peut bien le refaire, mais c'est entreprendre un travail non-seulement très-coûteux, mais surtout très-long; on aura beau perfectionner les moyens d'exécution, on pourra y mettre moins d'argent et moins de temps que la première fois, mais on ne pourra jamais faire qu'on n'y mette encore beaucoup d'argent et beaucoup de temps. D'ailleurs, le recensement et l'évaluation des parcelles ne pourront jamais être faites simultanément et par les mêmes personnes; les méthodes et les bases d'appréciation varieront sur tous les points du territoire.

Dès le premier jour, il se révélera certainement des différences et des différences considérables. Ces différences s'accroîtront encore avec le temps; les cultures changent : telle contrée s'enrichit, telle autre s'appauvrit, et lors même qu'on aurait réussi à établir une péréquation parfaite au moment du travail de révision, l'équilibre serait bien vite détruit, et il le sera toujours à chaque instant si on maintient le principe de la fixité de la cotisation et du contingent. On ne peut pas faire qu'une cotisation immuable se plie aux changements de rapport qui se produisent entre les revenus des diverses terres.

On a vu plus haut qu'il y a des départements, des cantons, des communes, deux fois, cinq fois, trente-

cinq fois plus imposés que d'autres, et l'on a remar-
qué que l'écart était d'autant plus grand que les
circonscriptions comparées étaient plus petites. Il
est naturel qu'il en soit ainsi, parce que sur une
grande étendue de terre il se produit des compensa-
tions qui relèvent la moyenne. En descendant du
canton à la commune l'écart augmente, et nous
avons vu que, dans l'enquête de 1851, la commune
la plus imposée payait trente-cinq fois autant que
celle qui l'est le moins; j'ajoute que cette même
commune payait dix fois autant que celle qui était
imposée au terme moyen. Mais les inégalités entre
contribuables sont infiniment plus grandes encore;
et ces inégalités qu'on voudrait voir disparaître, on
ne pourra, si on le peut jamais, les diminuer que
pour un an ou peut-être pour un jour seulement.

Beaucoup de personnes ont cru qu'on pourrait
remédier à l'inégalité de l'impôt foncier en renouve-
lant le cadastre et en établissant de nouvelles éva-
luations cadastrales. On a beaucoup parlé sur ce
sujet; les arguments ni les discours n'ont manqué;
on a même fait des lois; mais les discours ont été
oubliés et les lois sont restées lettre morte, parce
qu'elles étaient impraticables.

On peut faire des statistiques, les bien faire et
s'appuyer sur les résultats qu'elles auront donnés
pour diminuer le contingent des départements trop

imposés; ce sera un très-grand progrès, mais on ne parviendra jamais à faire un travail rigoureusement exact, par cette simple raison que l'impôt foncier n'est pas un impôt sur le revenu des terres.

Pour en faire un impôt sur le revenu, il faudrait le convertir en impôt de quotité, demander au pays tantôt plus et tantôt moins, au lieu de se contenter comme aujourd'hui d'une somme fixe de 173 millions, qui ne s'accroît que par l'impôt des maisons nouvelles. On pourrait demander 300 millions dans les années prospères et descendre à 100 millions dans les années malheureuses. Mais pour y arriver il faudrait soumettre à un contrôle sévère, peut-être même à la surveillance des agents, c'est-à-dire à l'exercice, tous les cultivateurs du pays. Peut-on y songer un seul instant? Une pareille opération est-elle pratique politiquement et administrativement?

On a pendant un temps soumis les bouilleurs de crû à l'exercice. Rien n'était plus juste en principe. Il fallait faire payer à tout le monde l'impôt sur les esprits, et si le fabricant d'alcool distillant les propres betteraves de son crû dans le Nord était imposé et surveillé, rien n'était plus conforme à la justice et à l'égalité que d'imposer et de surveiller de la même façon le fabricant d'alcool distillant le propre vin de son crû dans le Centre et le Midi. On a pourtant été forcé d'y renoncer, et la même

Assemblée qui avait voté la loi sur les bouilleurs de
crû en a décidé l'abrogation au bout de très-peu
d'années.

Transformer l'impôt foncier en un impôt sur le
revenu des terres est chez nous, dans notre état
social politique et administratif, une impossibilité
absolue. Il est bien évident que l'impôt foncier, tel
qu'il est établi chez nous, n'est pas et ne peut pas
devenir un impôt sur le revenu des terres ; c'est ce
que je voulais démontrer en premier lieu.

Il faut distinguer pourtant entre l'impôt sur les
propriétés bâties et l'impôt sur les propriétés rurales. L'impôt sur les propriétés bâties est variable ;
il s'accroît et diminue selon que le nombre des maisons s'accroît ou diminue. Il est, il est vrai, variable
dans son taux d'un département à un autre, mais
on a souvent proposé des mesures de péréquation
beaucoup plus simples que celles qu'il faudrait employer pour arriver à la péréquation de l'impôt sur
les propriétés rurales perçu aujourd'hui en vertu des
lois existantes. On cote les maisons nouvelles au taux
des maisons voisines analogues, ce qui perpétue les
insuffisances ou les excès d'imposition, car si la
maison nouvelle est construite dans un arrondissement où on ne paye que 3 0/0, elle ne sera imposée
qu'à 3 0/0, tandis que si elle est construite dans un
arrondissement où on paye 6 0/0, elle sera cotisée à

6 0/0 ; de même, les maisons démolies entraînent dans le contingent une diminution égale à l'impôt qu'elles supportaient.

Si on prenait un taux fixe, 5 0/0 par exemple, pour augmenter le contingent, en continuant à faire les diminutions sur le taux de l'imposition actuelle, on se rapprocherait sans cesse du taux de 5 0/0 : car le jour où les huit à neuf millions de maisons anciennes qui existent sur la surface du pays auraient été remplacées par huit à neuf millions de maisons nouvelles, tout serait imposé à 5 0/0 et la péréquation serait achevée.

Ces différences considérables qui existent entre l'impôt sur les propriétés bâties et l'impôt sur les propriétés non bâties, rendaient absolument nécessaire de diviser les deux contingents. Les amis du dégrèvement de l'impôt foncier savaient bien qu'on ne pouvait rien faire avant d'avoir obtenu cette séparation ; mais leurs adversaires le savaient aussi bien qu'eux ; c'est pourquoi ils ont lutté si longtemps contre l'adoption de la mesure.

Nous avons enfin obtenu que la séparation se fît ; c'est un premier succès. Désormais on traitera à part comme un impôt distinct l'impôt sur le revenu des maisons, et on pourra modifier l'impôt sur les propriétés non bâties, sans s'inquiéter de l'impôt sur les maisons. C'est un point considérable d'abord parce que la question en devient plus simple, et ensuite parce que les modifications que nous voudrions introduire dans l'impôt foncier porteraient sur un impôt de 120 millions au lieu de 173, et qu'il est plus facile de manier un impôt de 120 que de 173 millions.

L'impôt foncier, qui n'est pas un impôt sur le revenu des terres, n'est pas davantage un impôt sur les fermages. Il est clair qu'il n'est pas proportionnel au montant des fermages ; les terres louées au même prix ne payent pas le même impôt foncier. Cela dit tout. Mais il y a plus : c'est que l'impôt foncier est payé tout de même quand il n'y a pas de fermage du tout, ce qui est en France un cas extrêmement fréquent. Quand on cultive soi-même, ou quand on est l'associé de ses métayers, il n'y a pas de fermage ; aucun prix de bail n'est stipulé, et l'impôt foncier ne cesse pas pour cela d'être perçu. Ce n'est donc pas un impôt sur le fermage ; on pourrait presque dire que c'est un fermage supplémentaire, un fermage en plus, un fermage payé à l'État en sus du fermage payé au propriétaire, un fermage perçu par l'État sur le propriétaire lui-même quand le propriétaire cultive, et sur le fermier, quand le propriétaire, au lieu de cultiver sa terre l'a louée au fermier qui la cultive. Ce ne serait pas d'ailleurs en contradiction avec la théorie et l'histoire de l'impôt foncier, que d'y voir un premier fermage payé en tout état de cause, et avant toute autre charge, à l'État. C'est une sorte de copropriété de l'État qui s'affirme et dont l'aveu se traduit par le payement d'un cens ou d'une redevance annuelle.

L'État a été le plus souvent à l'origine le seul propriétaire de toutes les terres, et dans un grand nombre de pays c'est encore aujourd'hui le cas. Le propriétaire n'est qu'un concessionnaire à long terme. On a trouvé la raison théorique de cette constitution originaire de la propriété dans ce fait que la terre pouvant être féconde par elle-même, indépendamment des perfectionnements de la culture et du travail de l'homme, il en résulte une sorte de don gratuit qui provient de la nature seule et qui doit être attribué à la communauté tout entière, dont l'État est le représentant.

Ce don gratuit de la nature qui se trouve dans la fécondité propre à la terre, c'est ce que les économistes ont appelé la *rente de la terre*. La rente de la terre a fait écrire beaucoup de livres; elle a fait éclore beaucoup de théories; on s'est demandé d'abord quelle en était la cause et comment ensuite il pouvait se faire que les produits de la terre se vendissent assez cher pour qu'on pût retrouver dans leur prix de vente les frais de la culture, les intérêts des capitaux qu'on y emploie, et, en sus de tout cela qui est déjà fort gros, une sorte de rente

représentant la fécondité naturelle du sol. On a fini
par s'apercevoir que le phénomène qu'on a appelé
la rente de la terre se retrouvait dans beaucoup
d'autres opérations, et que dans l'industrie on avait
des exemples de redevances de même nature com-
prises dans le prix des choses payé par les consommateurs. C'est, par exemple, la part qu'on fait à
l'inventeur sur le produit de chaque objet dû à l'in-
vention pour laquelle l'inventeur est breveté. Le
phénomène économique d'une rente incorporée dans
le prix des objets au profit du propriétaire de ces
objets se retrouve dans tous les cas où la nature
des choses aussi bien que la loi a permis de
monopoliser ou d'accaparer une production. Le
reste des consommateurs est bien obligé de payer
une redevance à celui qui détient les choses monopolisées et accaparées ou de se passer de ces
choses. En Suisse, où on monopolise jusqu'aux
cascades, il faut ou renoncer à voir la cascade ou
payer son entrée dans le lieu bien entouré qui est le
seul endroit d'où on puisse la contempler dans son
ensemble.

Si les redevances de la nature de celles dont nous
parlons sont nées du monopole et de la limitation
de la quantité des choses, elles cessent de pouvoir
être perçues quand le monopole ou la limitation
cesse par une raison quelconque. Ainsi, pour un

brevet, quand il est expiré et qu'il est tombé dans le domaine public, chacun étant libre de fabriquer l'objet qui était autrefois breveté, la fabrication de cet objet rentre dans les conditions communes de la concurrence, et il n'y a plus pour personne de redevance à payer. La surélévation de prix au profit du fabricant qui avait le monopole n'a plus de raison d'être et le cours s'établit sur ce produit comme sur tous les autres. Il en serait de même pour les terres si elles devenaient illimitées en nombre. Ce qu'on appelle la rente de la terre n'existerait plus. Si un fermier pouvait agrandir son champ sans rien payer à personne ni comme achat, ni comme location, il ne payerait plus de fermage à son propriétaire; il le quitterait pour devenir son propre propriétaire. En se plaçant là où il n'y a plus de propriétaires du tout, il ferait tomber le fermage, ou bien il ne consentirait à en payer que pour rémunérer les capitaux employés au perfectionnement de la terre qu'il cultive.

Le fait que je suppose se produit aujourd'hui en partie par suite de la concurrence américaine. On peut avoir pour rien des terres qui sont à très-peu de chose près comme si elles étaient limitrophes des terres françaises; car il en coûte fort peu pour amener les produits des terres américaines sur les marchés français où ils se vendent concurremment avec les produits de nos terres, et amener les produits c'est à peu près la même chose que d'amener les terres.

Si donc cette redevance qu'on paye à l'État, si ce fermage spécial qu'on lui doit et qui a le nom d'Impôt foncier, puise, comme le disent certains historiens de l'impôt foncier, son origine, sa raison d'être et son droit dans le fait que la fécondité des terres monopolisées appartient pour une part à l'État, on peut dire aujourd'hui que cette sorte de redevance est, comme celle d'un brevet expiré, tombé dans le domaine public et qui n'a plus d'objet. Si l'État nous prenait quelque chose sur nos produits parce qu'il nous assurait un monopole productif, sa part doit diminuer en même temps que les avantages qu'il devait nous assurer. Le monopole des terres perd tous les jours de sa valeur par le fait de la concurrence des terres dont la quantité est illimitée dans l'Amérique du Nord. Le monopole n'existe plus; il ne peut donc plus donner naissance au payement d'une redevance à l'État. La copropriété que l'État s'est assurée dans les terres n'a plus de base aujourd'hui; le fermage supplémentaire qui était le prix de cette copropriété doit donc diminuer et disparaître.

Cette copropriété à laquelle on paye une sorte de fermage supplémentaire qui constitue l'impôt n'est évidemment que le reste d'une propriété plus étendue qui a existé jadis dans nos contrées occidentales comme elle existe encore dans les pays orientaux, où la propriété individuelle ne fait que de se constituer et où même elle n'existe pas du tout.

Il est difficile, chez nous, de suivre le mouvement et de refaire l'histoire de la constitution de la propriété, parce que les faits sont anciens et complexes. Mais en Angleterre où la propriété a fort peu changé depuis des siècles, on a encore présents à l'esprit les incidents qui ont fait passer la terre du domaine public dans les domaines privés.

Il y a, en Angleterre, une association composée de membres du Parlement et d'hommes politiques, qui poursuit l'accomplissement de réformes libérales et entre autres le changement de la législation sur les substitutions et sur la propriété de la terre, afin d'arriver à une division des terres analogue à celle qui s'est produite en France.

Cette association publie tous les ans un Annuaire intitulé *Almanach de la réforme financière*. Voici la note que contient l'Annuaire de 1881 sur la propriété en Angleterre :

« Selon les autorités constitutionnelles les plus hautes du passé, toutes les terres du royaume étaient la propriété du souverain comme représentant l'État. Les terres de la Couronne étaient inaliénables, si ce n'est temporairement et dans des conditions tout à fait analogues au fermage, avec retour à la Couronne, comme c'est le cas pour les terres prises à long bail à notre époque. Les conditions du bail étaient assez onéreuses, mais ces conditions furent toutes abrogées en 1660 par le Parlement-Convention, de Charles II, qui, par une fraude abominable contre les droits de la Couronne et de l'État, a converti les tenanciers de la terre en propriétaires de la terre, abolissant toutes les conditions de la concession des terres et donnant, par contre, à la Couronne le droit de percevoir des impôts d'accise sur le public en général, et dont les propriétaires étaient exempts s'ils brassaient leur propre bière ou s'ils distillaient leur propre esprit; ces impôts devant être, comme ils le disaient impudemment, la pleine compensation des obligations dont ils cessaient d'être tenus envers l'État pour la possession des terres. Mais dans le cours du temps on trouva que la compensation était loin d'être suffisante, et sous Guillaume et Marie, en 1692, on établit une taxe de 4 shellings par livre sur le revenu annuel de toutes terres, héritages, etc., avec des exceptions en faveur de l'Université, des écoles, des hôpitaux. »

Quoi qu'il en soit de l'origine de l'impôt foncier, qu'il soit comme le témoignage vivant, dernier reste de l'ancienne possession du sol par l'Etat, ou qu'il soit une contribution aux charges publiques par ceux qui ont de la fortune ; toujours est-il qu'en France cet impôt ne constitue ni un impôt sur le revenu des terres, ni un impôt sur le fermage.

S'il n'est ni l'un ni l'autre, peut-il être considéré autrement que comme une redevance annuelle payée par le cultivateur, redevance de même nature que la redevance payée par le maître de forges ou par le filateur : en un mot, c'est une patente.

L'impôt foncier est la patente de l'agriculture. Voilà ce qu'il faut qu'on se dise, et ce qu'il faut qu'on persuade aux législateurs, si on veut obtenir une réforme sérieuse de l'impôt foncier au profit de l'agriculture. Il suffit, pour l'établir, de se rendre compte de la façon dont est établie et payée la patente des industriels et des commerçants.

La patente est un impôt direct perçu au moyen d'un rôle. Le rôle est préparé à l'avance par la Direction des contributions directes, et remis aux percepteurs pour être recouvré sur les contribuables.

Le nombre des patentés en 1880 était de 1,650,000 divisés en quatre tableaux très-inégaux comme nombre, puisque le premier, qui s'applique aux commerçants ordinaires et aux artisans occupant des ouvriers, comprend, 1,354,000 contribuables, dont la patente moyenne en principal est de 37 fr.

48 cent. et s'abaisse, pour un très-grand nombre d'entre eux, à 8, 5, 3 et même 2 fr. par tête.

L'impôt foncier est, comme l'impôt des patentes, perçu au moyen d'un rôle remis par la Direction des contributions directes aux percepteurs, pour être recouvré par eux. Le nombre des cotes foncières était en 1851 de 12,400,000; mais il résulte de l'enquête qui a été faite à cette époque, qu'il y a un grand nombre de propriétaires qui ont plusieurs cotes, et on estime à 7,800,000 seulement, au lieu de 12,400,000, le nombre des propriétaires. Encore faut-il dire que près de la moitié d'entre eux ne possèdent qu'une très-petite maison bâtie sur un petit jardin, ou une propriété insignifiante, telle qu'une chétive portion de bien communal, ou une part indivise de cour, d'aire, de passage ou de place à bâtir, de telle sorte qu'ils ne sont propriétaires que de nom. Il reste donc environ 4 millions de propriétaires.

Des deux côtés, un grand nombre de contribuables, atteints les uns et les autres par un impôt qu'il faut aller payer soi-même, à des époques fixes, chez le percepteur, à son bureau, dans sa résidence, ou à sa table, dans une pièce de la mairie où le percepteur en tournée s'installe un jour par mois.

On y va sans pouvoir choisir son moment, que le trimestre ait été bon ou mauvais, qu'on ait pu ou qu'on n'ait pas pu réaliser au préalable des bénéfices dans son commerce ou dans sa culture.

Pour les contribuables de l'impôt foncier comme pour les assujettis à la patente, obligation étroite de se soumettre à une même procédure très-sommaire et tout à fait irrésistible : avertissement simple, avertissement avec frais, sommation, commandement, saisie, les choses suivent leur cours avec une ponctualité rigoureuse.

C'est le même percepteur qui a reçu et distribué aux deux catégories de contribuables les mêmes feuilles d'avertissement, véritables lettres de change fournies sur eux par le directeur des contributions directes. C'est au même percepteur que ces sortes de traites ont été remises à l'encaissement par le directeur des contributions directes, qui le rend responsable, si, par ménagement ou par négligence, il a omis vis-à-vis du contribuable en retard pour la patente ou le foncier un seul des articles de la procédure que les instructions lui prescrivent de suivre. En cas d'impayement, le percepteur ne peut se dégager que s'il a régulièrement établi l'insolvabilité du débiteur. Si l'insolvabilité du contribuable de la patente ou du foncier n'est pas établie, c'est le percepteur qui devient lui-même le débiteur du Trésor et qui paye la patente, ou le foncier que le contribuable n'a pas pu acquitter.

Dans l'assiette même des deux impôts, les analogies ne sont pas moins frappantes que dans la méthode de recouvrement.

Pour établir la patente de l'industriel, un contrôleur se transporte dans l'usine ; il évalue la valeur locative des ateliers et des locaux employés à l'industrie et il taxe le contribuable, selon les cas, au 10e, au 15e, au 20e ou au 30e de la valeur locative.

Mais ce n'est pas tout : il fait un recensement soit des ouvriers, soit des fours, soit des métiers, soit des machines, soit des broches, et, se basant sur la quantité de ces instruments de production dont il constate l'existence, il taxe les patentables, en raison de la quantité ou de la qualité de ces choses, conformément à un tarif déterminé par la loi.

Ce sont les signes extérieurs de l'activité industrielle ou commerciale qu'on prend sur le fait. On n'attend rien de la déclaration du contribuable, on ne lui demande que de laisser voir les objets que la loi a entendu prendre pour base de son imposition.

Le répartiteur se transporte au même moment dans une ferme pour asseoir l'impôt foncier. L'objet de sa mission est le même ; il doit rechercher les signes extérieurs de la production, c'est-à-dire le nombre et la qualité des parcelles de terre employées à la culture. Ces parcelles ont été inventoriées à une époque déjà ancienne; chacune d'elles est pour ainsi dire cotée et paraphée; toutes sont classées dans des conditions qui ont été arrêtées lorsqu'on a fait le cadastre à l'origine.

Ces parcelles de terre ne sont pas autre chose, en effet, que les ateliers ou les instruments de la culture; c'est le premier des ateliers, le premier des instru- de la production agricole. Pour cultiver, il faut une parcelle de terre; c'est une condition absolue, tirée de la nature des choses : d'où la nécessité, pour asseoir l'impôt sur quelque chose de palpable, de tangible, de demander à ceux qui cultivent de montrer leur parcelle, leur parcelle patentée. Cette parcelle, on en relève le numéro, car elle est inscrite sur un registre de l'état civil, qui est l'état de section, et elle y est cotée conformément à sa qualité et définie, pour ainsi dire, dans cette qualité par le revenu cadastral qui lui est attribué !

Pour asseoir l'impôt foncier, comme pour asseoir la patente industrielle, on ne s'attache, comme on le voit, qu'à ce qui est visible. Le revenu, il faut bien se le rappeler, n'y est pour rien; car le revenu ne se voit pas, et ce qu'il faut, c'est voir avec les yeux, c'est toucher avec le doigt l'objet dont la loi a voulu faire la base de l'impôt. Cet objet, il faut en constater l'existence pour pouvoir y appliquer le tarif de la loi.

En ce qui concerne les parcelles, le tarif, c'est le centime le franc de ce qu'on appelle le revenu cadastral. Dans une commune qui a 1,000 francs à payer, et où le revenu cadastral est, pour toutes les parcelles réunies, de 20,000 fr., le centime le franc est de 5 centimes pour 1 franc ; et une parcelle dont le revenu cadastral est porté à 20 francs payera 20 fois 5 centimes ou 1 franc. Ce revenu cadastral, on voit qu'il n'a de revenu que le nom, car il n'a aucun rapport avec le revenu réel ; il en représente des proportions très-diverses selon les cas. On peut y constater, nous l'avons dit en commençant, des écarts considérables.

Ce que le contrôleur a besoin de savoir, c'est, avec leur numéro, le nombre des parcelles au moyen desquelles on exerce la culture. En Alsace, le contrôleur de l'impôt sur l'alcool a besoin de savoir seulement le nombre et la grandeur des alambics que l'assujetti emploie dans sa distillation. En France, pour remplir son office, il a besoin de connaître le nombre et la classe des parcelles cultivées.

On impose en France la culture à la parcelle, de même qu'on impose en Alsace l'alcool à l'alambic. Tant mieux pour le contribuable qui tire meilleur parti qu'un autre de sa parcelle ou de son alambic.

Chaque parcelle compte pour un certain nombre d'unités déterminées par le revenu cadastral, et l'on entre dans le contigent de sa commune en proportion du nombre des unités pour lesquelles figure sa parcelle au cadastre.

Reprenons, pour les résumer, les ressemblances des deux impôts que nous comparons, la patente et l'impôt foncier.

Dans l'un comme dans l'autre cas, la loi ne demande au contribuable aucune déclaration: elle ne lui fait pas ouvrir ses livres; elle ne lui demande pas de faire procéder devant les agents à l'inventaire de ses produits. Les agents du Trésor demandent simplement qu'on leur montre non les produits, mais les instruments de la production. Après les avoir vus, ils les recensent et les rapprochent des tarifs établis par la loi.

Selon que le contribuable possède plus ou moins de ces instruments de production, selon que les instruments en question sont assujettis à un tarif plus ou moins élevé, on porte à son compte des redevances plus ou moins considérables. On ajoute au compte de chacun ce qu'il doit comme accessoire au département ou à la commune, — et l'accessoire dépasse quelquefois le principal ; — puis, le compte arrêté, devenu une cote individuelle, est remis au percepteur, qui, dans les deux cas, en recouvre le montant dans les mêmes formes et avec la même rigueur.

Le point de départ de l'assiette de l'impôt foncier,

comme de l'assiette de la patente, est le recensement d'un objet matériel considéré comme le signe extérieur de la production du contribuable.

Pour l'impôt foncier, le signe extérieur est la parcelle de terre ; pour la patente, le signe exté·rieur, c'est l'outil variable de l'industriel selon la profession qu'il exerce.

Le recensement de la parcelle de terre, c'est la base même de notre législation sur l'impôt foncier. Le cadastre n'a pas d'autre but que d'arriver à ce recensement ; c'est une méthode de comptage, la méthode la plus simple et la plus exacte. Pour savoir le nombre des parcelles qui garnissent une surface, on fait le plan de la surface ; c'est le seul moyen de savoir si on n'a rien oublié.

Le recensement des instruments de la production industrielle ou commerciale est la base même de la législation sur les patentes. Si on avait trouvé un instrument de production qui fût toujours employé dans tous les commerces et dans toutes les industries, cet objet aurait joué vis-à-vis de l'industrie le rôle que la parcelle de terre joue vis-à-vis de l'agriculture ; mais ce n'est pas le cas. Tout le monde, dans l'industrie, ne se sert pas de broches ; il n'y a que dans les filatures qu'on en trouve ; tout le monde ne se sert pas de fours, ou de presses, ou de certains métiers spéciaux. Au lieu d'un signe unique de la production industrielle, il y en a un grand nombre qui diffèrent les uns des autres; c'est pourquoi, au lieu de faire le recensement d'un objet unique, comme c'est le cas pour l'agriculture, on fait des recensements divers, tantôt celui des meules, tantôt celui des fours, tantôt celui des bassines, tantôt celui des châssis, tantôt celui des métiers et des broches.

Mais la nature des recensements opérés dans un cas comme dans l'autre est identique. On cherche le signe extérieur, et sur ce signe extérieur on établit une redevance annuelle.

Aussi pouvons-nous considérer comme absolument démontré que l'impôt foncier n'est pas un impôt sur le revenu foncier, n'est pas un impôt sur le fermage, et que c'est simplement la patente de l'agriculture.

En matière d'impôt, on est bien près de l'intérêt général quand on raisonne sur des nombres aussi considérables que celui des patentés ou des contribuables de l'impôt foncier.

On n'a pas hésité à employer, en 1879 et en 1880, les disponibilités du Trésor au profit des patentés des villes, parce qu'on dégrevait un groupe de contribuables de plus d'un million et demi.

Si les patentés des villes ont eu cette bonne fortune d'être considérés comme représentant un intérêt général parce qu'ils étaient un million et demi, ne peut-on pas espérer que les patentés de la campagne pourront faire valoir leurs droits à une même faveur, et obtenir qu'on les considère comme représentant un intérêt général, eux qui sont quatre millions ?. Ils sont probablement même plus nombreux, car les chiffres ci-dessus sont tirés de l'enquête de 1851, et il est probable que la division des terres n'a pas cessé de produire depuis 30 ans des propriétaires nouveaux.

Faire un dégrèvement au profit d'un grand nombre de contribuables, c'est donner, il est vrai, peu de chose à chacun d'eux ; mais c'est le cas lorsqu'on dégrève les impôts de consommation, et c'est également ce qu'on aurait pu dire des patentés quand on leur a abandonné en 1879 25 millions de francs sur les fonds de l'État ; 25 millions à partager entre 1,650,000 patentés donnait une moyenne par tête d'environ 15 francs ; mais, comme dans toutes les moyennes, il faut supposer du plus et du moins. Beaucoup de patentés n'ont profité que d'un dégrèvement fort au-dessous de la moyenne. En 1880, une nouvelle réduction a été accordée à ces mêmes contribuables pour une somme de 5 millions, soit un cinquième en sus de la réduction première.

La patente produit à l'État, depuis que cette

réduction est devenue un fait accompli, une somme de 100 millions de francs par an, tant en principal qu'en centimes généraux. L'impôt foncier sur les propriétés non bâties représente 120 millions en principal, et il n'y a plus de centimes généraux depuis 1851.

D'un côté, les 1,650,000 patentés des villes ont obtenu qu'on abaisse leurs impositions de 130 à 100 millions de francs et les 4 millions de patentés des campagnes attendent encore que l'on diminue dans une proportion quelconque les 120 millions de francs qu'ils payent à l'État. Ce n'est certainement pas de la justice, mais c'est encore moins de l'égalité, surtout si l'on compare les ressources de l'industrie et du commerce avec les ressources annuelles de l'agriculture.

Il n'est pas douteux que le commerce, le petit commerce intérieur et le grand, le commerce d'exportation et d'importation, réunis à la petite, à la moyenne et à la grande industrie, ne produisent annuellement, tant en intérêt des capitaux engagés qu'en bénéfices, des sommes bien plus considérables que les fermages et les bénéfices de la culture réunis. On ne peut pas faire le compte des milliards qui composent le capital du commerce et de l'industrie, mais ces milliards qui s'accroissent sans cesse dépassent de beaucoup la valeur des terres et des capitaux engagés dans la culture. Les revenus agricoles atteints en Angleterre par l'impôt sur le revenu sont comptés pour 65 millions de livres, tandis que les revenus industriels et commerciaux atteints par le même impôt s'élèvent à 203 millions de livres (*Statistical abstract* de 1872).

Pour rétablir l'égalité entre la patente industrielle et la patente agricole, il faudrait abaisser de plus de 40 millions l'impôt direct qui pèse sur l'agriculture, car les 30 millions dégrevés sur l'industrie et le commerce en 1879 et en 1880 ne comprennent pas la part de dégrèvement qui a été, sur cette même contribution, imposée aux départements et aux communes par suite de la diminution de la valeur des centimes ; tandis qu'il n'est, en ce moment, question que d'un sacrifice à faire sur le budget de l'État, et qu'on ajourne à une autre époque les modifications à introduire dans les budgets départementaux et communaux.

Aussi la question est-elle vidée dans l'esprit de la grande majorité sde Français qui se réunissent en ce moment dans leurs comices. La réduction de l'impôt foncier, la diminution de la patente de l'agriculture sont des formules qui figureront nécessairement dans un grand nombre de programmes électoraux. Le seul obstacle à cette réforme serait l'insuffisance des ressources du budget; mais il faut compter que l'accroissement des recettes ne s'arrêtera pas en chemin. Les recettes grossissent avec la fortune publique; le public s'enrichit avec le pays; prévoir un temps d'arrêt dans le développement des recettes du budget, ce serait prévoir un temps d'arrêt dans le développement de la fortune de la France, et rien ne peut nous faire croire au ralentissement des progrès économiques de notre pays.

L'agriculture souffre; elle a vu passer devant elle les favorisés de nos législateurs; elle a des difficultés à vaincre qui sont nouvelles et bien plus grandes qu'on n'aurait pu le supposer. Elle demande qu'on vienne au secours de ses souffrances. Elle ne le demande pas seulement comme une faveur, elle peut le demander comme un droit. Les pouvoirs publics ont contracté une dette; ils l'ont reconnu en votant un appel énergique au gouvernement, un vœu solennel de dégrèvement dans la dernière loi de finances. La France est assez riche pour payer sa dette à l'agriculture.

3419 — **Paris**. — Typ. Tolmer et Cⁱᵉ, 3, rue de Madame.

BIBLIOTHÈQUE DE VULGARISATION

3 fr. le volume. — Reliure anglaise.

Pour paraître en octobre 1881

3449. — Paris. — Typographie Tolmer et Cⁱᵉ, 3, rue de Madame.

www.ingramcontent.com/pod-product-compliance
Ingram Content Group UK Ltd.
Pitfield, Milton Keynes, MK11 3LW, UK
UKHW021655090726
13657UKWH00004B/1979